Lisa Bresner

Mon 1er Livre de Chinois

illustré par Catherine Louis

Picquier jeunesse

Remerciements à :

Zélia, Alexandre, Samuel et Juliette
pour leur participation aux séances de photographie

Jules pour la lettre de Juliette et les petits dessins

Alain Dufès, Philippe Picquier et Christiane Barbier-Kontler
pour les photographies des séquences «Bravo»

Françoise Coquet qui nous a ouvert les portes de son école Franck-Benoît, à Arles

一	二	三	四	五
1	2	3	4	5

Pour tous les enfants qui m'ont écrit,
mille bonheurs à Rose et à sa maman,
dix mille joies au Marin des Eclairs

Arles, le 10/04/2004

Chère Lisa Bresner,

Je m'appelle Juliette et j'ai presque 9 ans. Je voulais vous dire que j'adore la Chine depuis presque 3 ans et que j'ai beaucoup aimé vos livres parce que ça parlait aussi de la Chine. Je vous ai rencontrée à la librairie d'Arles lors d'une dédicace. J'aimerais apprendre le chinois et la calligraphie. Connaissez-vous quelqu'un pour me l'apprendre ?

J'ai fait ces petits dessins pour vous et j'espère qu'ils vous plairont

signé : Juliette

P.S. : Tout ce que j'ai, c'est un chapeau chinois comme ça.

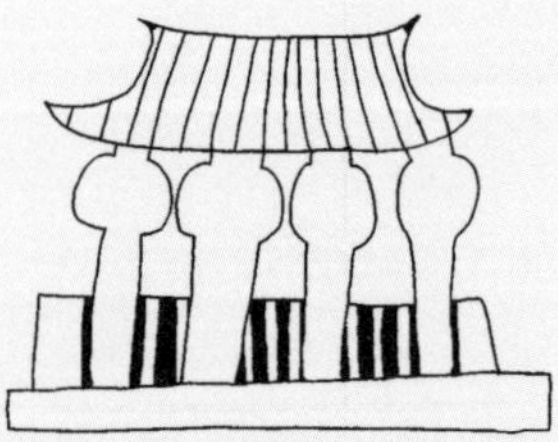

一	二	三	四	五
1	2	3	4	5

Nantes, le 19 avril

Chère amie

Merci pour ta lettre. Beaucoup d'enfants ne peuvent pas apprendre le chinois là où ils habitent. C'est pourquoi je t'offre un cahier spécial pour commencer à écrire tes premiers mots et pour t'amuser avec les idéogrammes. Il y en a plus de 50 000... alors tu es sûre de ne pas t'ennuyer.

Tu vas bientôt partir pour un long voyage, n'oublie pas de m'envoyer des photos de toi quand tu auras franchi les étapes qui te mèneront jusqu'à la Grande Muraille.

Voilà, mets vite ton chapeau chinois sur la tête et en route !

A bientôt

Lisa

A la fin de ton cahier, tu trouveras des étiquettes d'idéogrammes chinois à découper, correspondant à chaque étape.
Attention! Celles qui sont en rouge sont destinées à être collées. Les autres te serviront au fil des exercices : si tu agrafes le rabat à la fin du livre, tu pourras toutes les ranger dedans.
Derrière l'autre rabat, il y a un lexique de tous les mots chinois que tu vas apprendre. Il pourra t'être utile pendant les exercices !

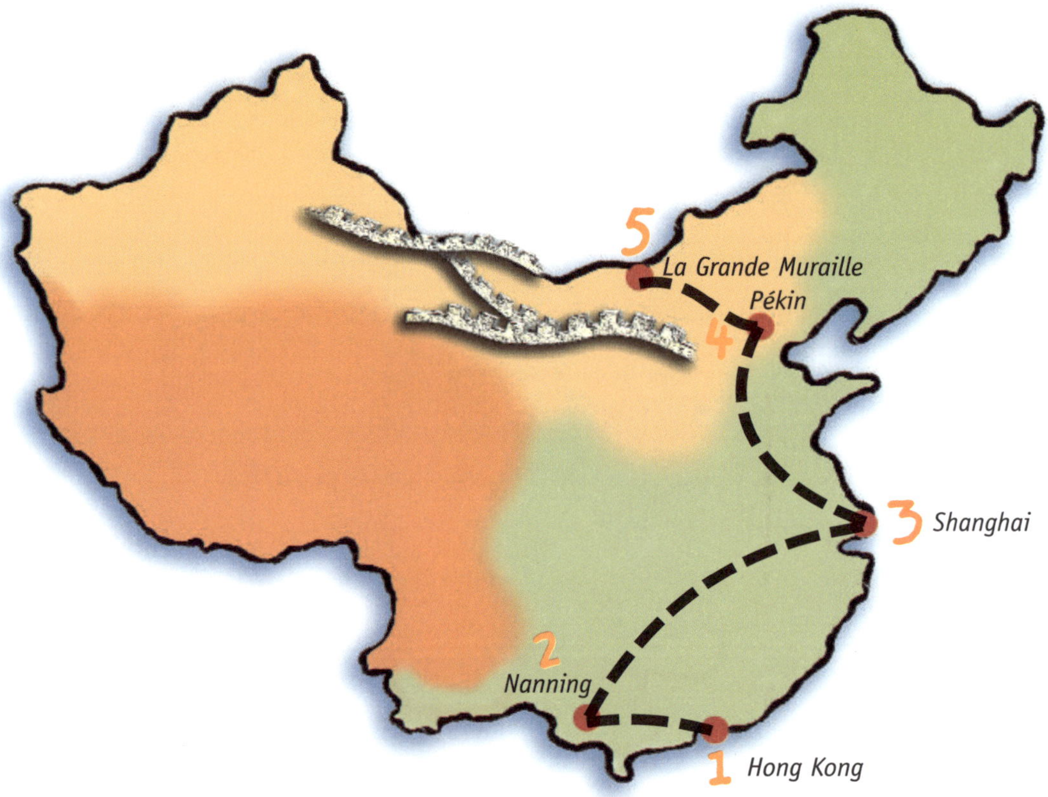

Ton voyage en 5 étapes à travers la Chine

1

Mène l'enquête

六 七 八 九 十
6 7 8 9 10

Plus de 20 000 ans séparent les idéogrammes de l'équipe Phénix de l'équipe Dragon.

Relie l'idéogramme ancien à l'idéogramme moderne

Equipe Phénix

montagne

pluie

enfant

eau

cheval

lune

mouton

馬

月

雨

水

子

山

羊

Equipe Dragon

Joue avec tes étiquettes !

Découpe les idéogrammes de l'étape 1. Etale devant toi les 7 idéogrammes de l'équipe Dragon. Colle les étiquettes rouges sous le bon mot.

montagne

eau

lune

enfant

mouton

cheval

pluie

Coloriage

Cheval (MA)

Colorie en jaune les 4 sabots du cheval,
en marron sa crinière, et en noir sa tête et son dos.

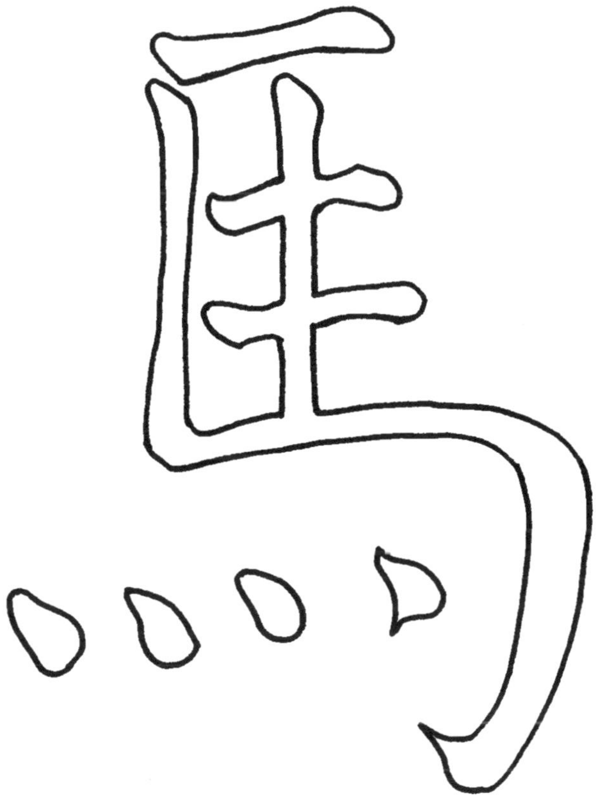

Coloriage

Enfant (ZI)

Colorie en bleu la tête de l'enfant, en vert son corps, et en rouge ses bras.

A tes pinceaux !

Tu sais maintenant écrire «cheval» et «enfant».
Dessine le caractère «enfant» qui tire les rênes du caractère «cheval».

馬

Maintenant, quatre caractères «enfant» autour du caractère d'un «cheval» bleu.

Un «mouton» vert sous la «pluie» bleue.

Affronte l'équipe des Patates Douces

一 二 三 四 五
1 2 3 4 5

Prends tes étiquettes et regarde bien tes idéogrammes.
Ajoute ce qui manque aux idéogrammes de l'équipe des Patates Douces.

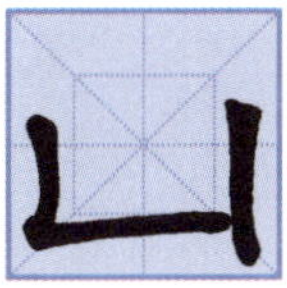  

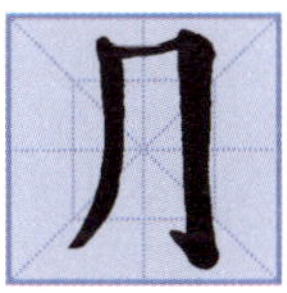 

Indices :

1. *A pluie, il manque 4 gouttes.*
2. *A enfant, il manque les bras.*
3. *A montagne, il manque le plus haut pic.*
4. *A eau, il manque une éclaboussure.*
5. *A mouton, il manque les 2 cornes.*
6. *A lune, il manque les 2 rayons.*
7. *A cheval, il manque la crinière.*

Bravo !

tu as franchi l'étape n° 1

et tu vas pouvoir découvrir

Hong Kong !

Sais-tu ce que cela signifie ?

"Port parfumé"

Hong Kong la nuit

一 二 三 四 五

1 2 3 4 5

Hong Kong vue du Pic Victoria

Le ferry reliant le continent
à l'île de Hong Kong

六 七 八 九 十
6 7 8 9 10

Lettre à Lisa

一 1 二 2 三 3 四 4 五 5

“ C'est moi en train d'épingler l'idéogramme 子 (enfant) sur le dos de ma maman. ”

“ C'est moi sur la plage en train d'écrire l'idéogramme 雨 (pluie) sur le sable parce qu'il fait trop chaud. ”

“ C'est mon copain Eric en train d'écrire l'idéogramme 馬 (cheval) sur un panneau. ”

六 6 七 7 八 8 九 9 十 10

Mène l'enquête

一 二 三 四 五
1 2 3 4 5

Relie l'idéogramme ancien à l'idéogramme moderne

Equipe Phénix

日

女

天

soleil

小

grand

cicl

人

大

femme

petit

homme

Equipe Dragon

Joue avec tes étiquettes !

Découpe les idéogrammes de l'étape 2.
Compare-les avec ceux qui sont dessinés ci-dessous.
On dirait qu'ils ne sont pas tous dans le bon sens…
Fais une croix sur les idéogrammes qui ne sont pas à l'endroit :

Repasse et compte avec moi le nombre de traits :

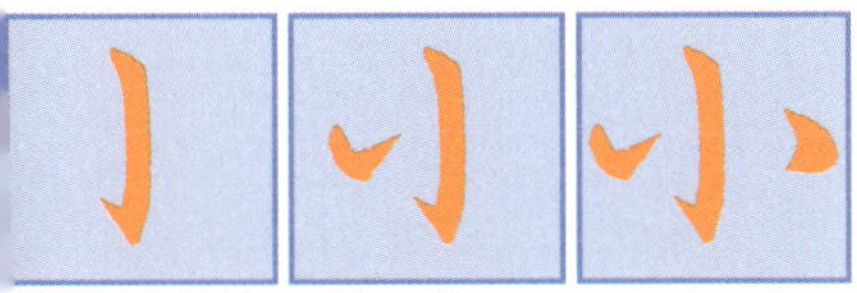

Tu remarques que «petit» s'écrit avec 3 traits.

1 trait | 2 traits | 3 traits

«grand» s'écrit avec combien de traits ?

..... trait | ..... traits | ..... traits

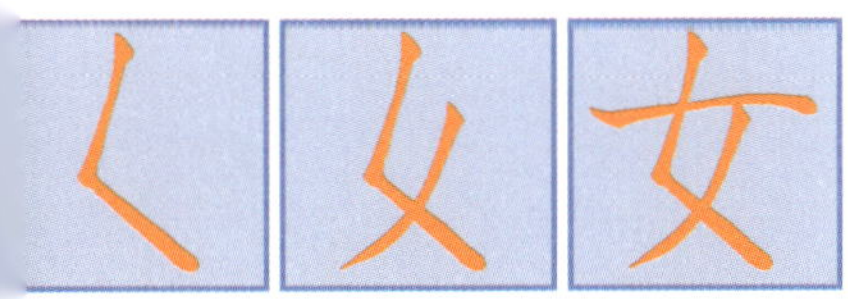

«femme» s'écrit avec combien de traits ?

..... trait | ..... traits | ..... traits

..... trait | ..... traits | ..... traits | ..... traits | ..... traits | ..... traits | ..... traits | ..... traits

pluie» s'écrit avec combien de traits ?

Habillage

Cette femme est toute nue.
Peux-tu l'habiller
et lui rajouter 1 tête,
2 mains et 2 pieds,
comme cela par exemple :

女

Femme (NU)

Elle est assise, elle a un gros ventre... A ton avis, qu'est-ce qu'elle attend ?

人

Homme (REN)

Habillage

Cet homme est tout nu.
Peux-tu l'habiller et lui rajouter
1 tête et 2 pieds,
comme cela par exemple :

Attention ! Si tu lui rajoutes des bras, l'idéogramme signifie alors : grand (DA).  → 大

六 6 七 7 八 8 九 9 十 10

A tes pinceaux !

Tu sais maintenant écrire «grand», ça se dit «DA» en chinois. Mélange tes étiquettes et trouve les idéogrammes suivants :
homme, ciel, petit, cheval, mouton.
Tu es prêt ? Tu vas maintenant écrire ta première phrase en chinois. C'est aussi facile que de compter jusqu'à 4. Pour dire «l'homme est petit, le ciel est grand», tu n'as pas besoin de «l'» ou de «le» ni de «est».

人	小	天	大
REN	*XIAO*	*TIAN*	*DA*

Voilà comment on écrit «l'homme est petit, le ciel est grand». Recopie-le ci-dessous :

一	二	三	四	五
1	*2*	*3*	*4*	*5*

Entraîne-toi à l'écrire de haut en bas, sans oublier le point à la fin de la phrase qui est un petit «o». Si tu n'arrives pas encore à écrire, tu peux coller les étiquettes de l'étape 2.

人
小
天
大
。

Ecris maintenant : «le mouton est petit, le cheval est grand» en chinois.
N'oublie pas, tu n'as besoin que de 4 idéogrammes.

Affronte l'équipe des Patates Douces

Etale tes étiquettes et regarde bien ta collection d'idéogrammes.
Trouve ce qui manque à l'équipe des Patates Douces.

Indices

1. *A ciel, il manque les bras.*
2. *A femme, il manque les bras.*
3. *A montagne, il manque le premier pic.*
4. *A petit, il manque un petit point.*
5. *A mouton, il manque des pattes.*
6. *A homme, il manque 1 patte, non, je veux dire une jambe.*
7. *A soleil, il manque 1 rayon.*
8. *A grand, il manque 1 jambe.*
9. *A enfant, il manque la tête.*
10. *A cheval, il manque 1 sabot.*
11. *A lune, il manque 1 rayon.*
12. *A eau, il manque 2 éclaboussures.*
13. *A pluie, il manque une goutte.*

一 1 二 2 三 3 四 4 五 5

Bravo !

tu as franchi l'étape n° 2

Le barbier dans la rue

et tu vas pouvoir découvrir

Nanning !

一 1 二 2 三 3 四 4 五 5

L'heure du goûter

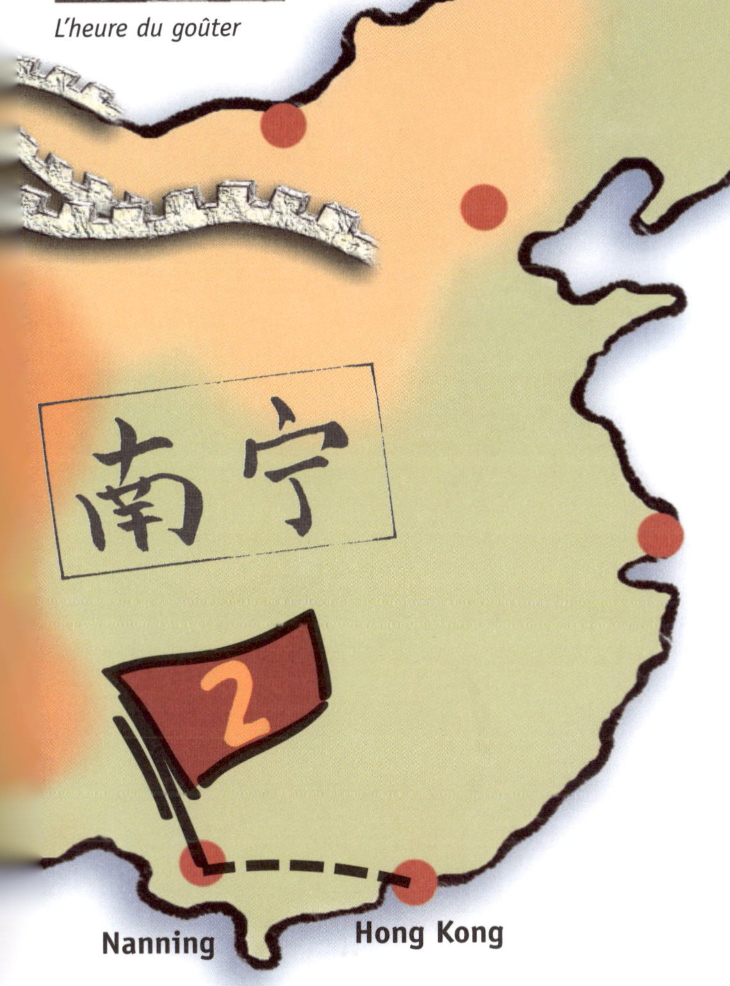

Bouddha aime les offrandes

Lettre à Lisa

一 1 二 2 三 3 四 4 五 5

*“Moi à la récré.
J'ai écrit «ciel»
dans la marelle d'Aurélie.”*

*“Eric en train
d'écrire «femme»
sur les toilettes
des garçons...”*

*“... et moi, j'encadre «homme»
sur les toilettes
des filles !”*

3

Mène l'enquête

一 二 三 四 五
1 2 3 4 5

Relie l'idéogramme ancien à l'idéogramme moderne

Attention, cette fois, il y a trop d'idéogrammes anciens et tous ne sont pas à utiliser...

Equipe Phénix

媽

爸

不

明

是

lumière

mère

père

ne pas

être

pinceau

haut

pied

Equipe Dragon

Joue avec tes étiquettes

Découpe les idéogrammes de l'étape 3. Etale-les devant toi, repasse et compte avec moi le nombre de traits.
Pour «mère», il faut commencer par 女 (femme) et tracer à droite 馬 (cheval). Attention, les deux éléments doivent tenir dans un seul carré.

1 trait　2 traits　3 traits

+

..... trait　..... traits　..... traits　..... traits

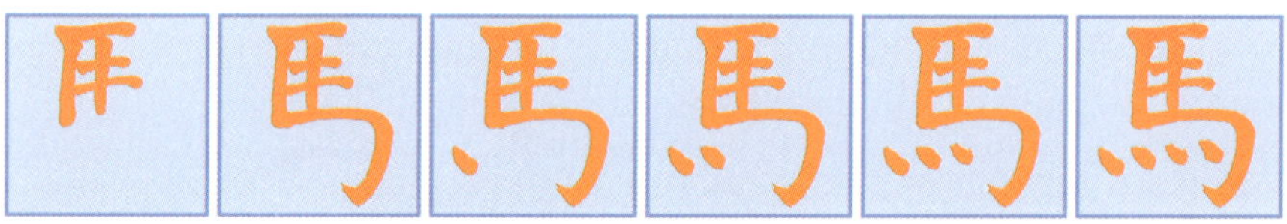

..... trait　..... traits　..... traits　..... traits　..... traits　..... traits

=

..... traits

femme + cheval = mère

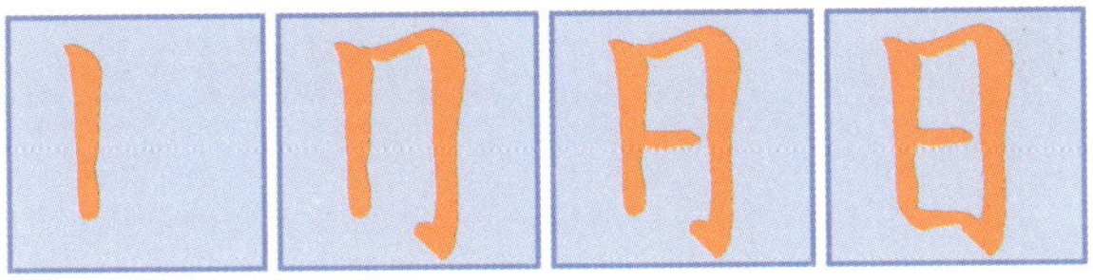

..... trait ..... traits ..... traits ..... traits

+

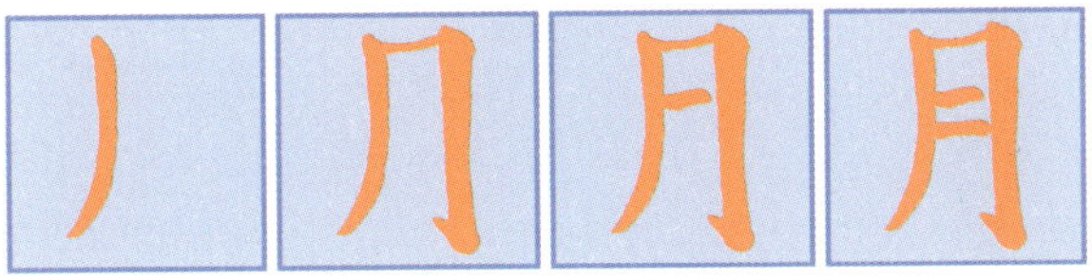

..... trait ..... traits ..... traits ..... traits

=

..... traits

soleil + lune = lumière

Coloriage

Colorie l'idéogramme «père» avec sa couleur préférée. Entoure-le des choses et des personnes qu'il aime. Papa se dit *BABA* en chinois, il faut écrire 2 fois 爸

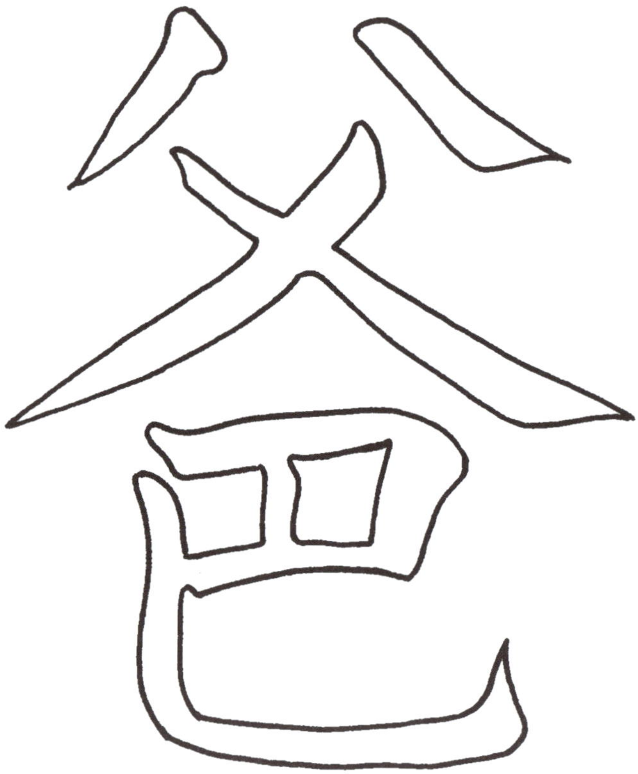

一 1 二 2 三 3 四 4 五 5

Coloriage

Colorie l'idéogramme «mère» avec sa couleur préférée. Entoure-la des choses et des personnes qu'elle aime. Maman se dit *MAMA* en chinois, il faut écrire 2 fois 媽

A tes pinceaux !

Tu sais maintenant écrire «maman» et «papa». Etale tes étiquettes et trouve les idéogrammes suivants :
grand, petit, ne pas, être, cheval, mouton.
Tu peux coller les étiquettes rouges ou dessiner ci-dessous pour faire les phrases suivantes :

1. Papa est grand, maman est petite (avec 6 idéogrammes, car, n'oublie pas que «papa» et «maman» s'écrivent en doublant les idéogrammes).

Indice : ça se prononce BABA DA, MAMA XIAO

Si tu n'as pas besoin du verbe «être» pour dire «le cheval est petit» ou «la maman est grande», tu en as besoin avec des noms.
Par exemple, «papa n'est pas maman» s'écrit :

papa		ne pas	être	maman		
爸	爸	不	是	媽	媽	。

2. Ecris ou colle maintenant : «le mouton n'est pas grand» (avec 3 idéogrammes) et «un mouton n'est pas un cheval» (avec 4 idéogrammes).

3. Que signifie ?

A. 爸爸不小。 *(BABA BU XIAO)*

....

B. 媽媽不大。 *(MAMA BU DA)*

....

C. 爸爸不是羊。 *(BABA BU SHI YANG)*

....

D. 媽媽不是馬。 *(MAMA BU SHI MA)*

....

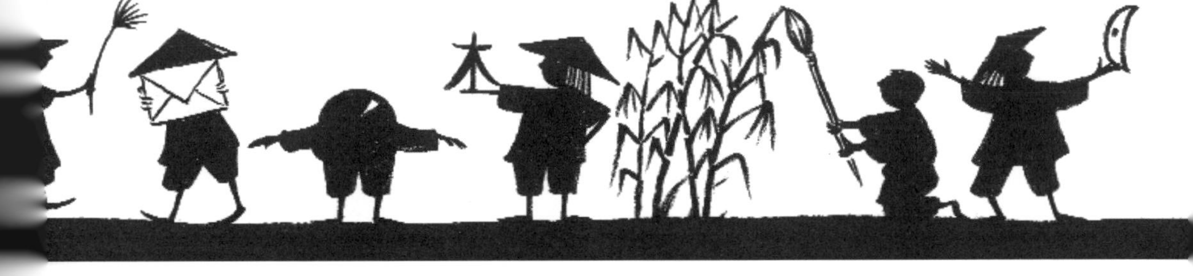

六 6 七 7 八 8 九 9 十 10

Affronte l'équipe des Patates Douces

Regarde bien ta collection d'idéogrammes. Tu en possèdes déjà 18. Trouve ce qui manque à ceux de l'équipe des Patates Douces. Essaye d'abord sans les indices.

Indices :

1. *A père, il manque 4 traits en bas.*
2. *A mouton, il manque les 2 pattes du milieu.*
3. *A mère, il manque le dos et les 4 sabots de cheval.*
4. *A être, il manque les 4 traits de soleil.*
5. *A enfant, il manque le corps.*
6. *A montagne, il manque le troisième pic.*
7. *A lumière, il manque 1 rayon de soleil et 2 rayons de lune.*
8. *A femme, il manque la jambe droite.*
9. *A petit, il manque 1 trait.*
10. *A pluie, il manque le trait de ciel.*
11. *A grand, il manque 1 bras.*

一 1 二 2 三 3 四 4 五 5

羊 大 雨

二 父 好 疋

明 山 七 小

六 七 八 九 十

6 7 8 9 10

Bravo !

tu as franchi l'étape n° 3

Le Bund

et tu vas pouvoir découvrir

Shanghai !

Sais-tu ce que cela signifie ?

"Au-dessus de la mer

La vieille ville

La Maison de Thé

六 *6* 七 *7* 八 *8* 九 *9* 十 *10*

Lettre à Lisa

« On est en train d'écrire 爸爸 et 媽媽 (papa et maman) sur leur peignoir dans la salle de bain. Clément fait le guet. »

« Moi en train d'écrire 小明 (Petite-Lumière) sur les mains de mes copains. C'est le surnom chinois d'Aurélie. »

六 6 七 7 八 8 九 9 十 10

4

Mène l'enquête

Relie l'idéogramme ancien à l'idéogramme moderne

Attention, il y a trop d'idéogrammes anciens et tous ne sont pas à utiliser.

Equipe Phénix

好

regarder

voir

看

protéger

blanc

白

animal

aller

bien/aimer

Equipe Dragon

六 *6*　七 *7*　八 *8*　九 *9*　十 *10*

Joue avec tes étiquettes !

Découpe les nouveaux idéogrammes de l'étape 4.
Étale-les devant toi, repasse et compte avec moi le nombre de traits.

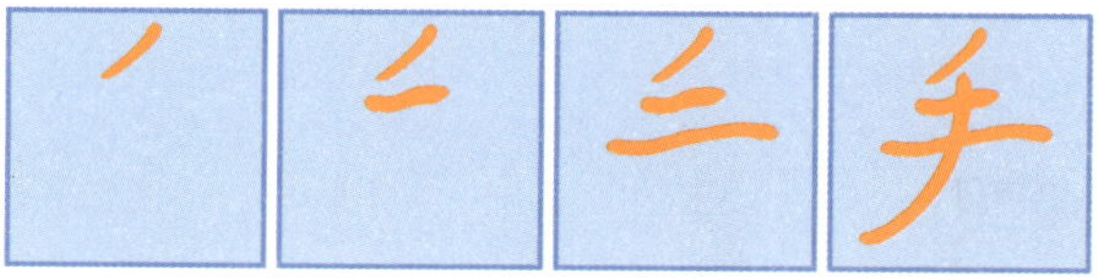

..... trait ..... traits ..... traits ..... traits

\+

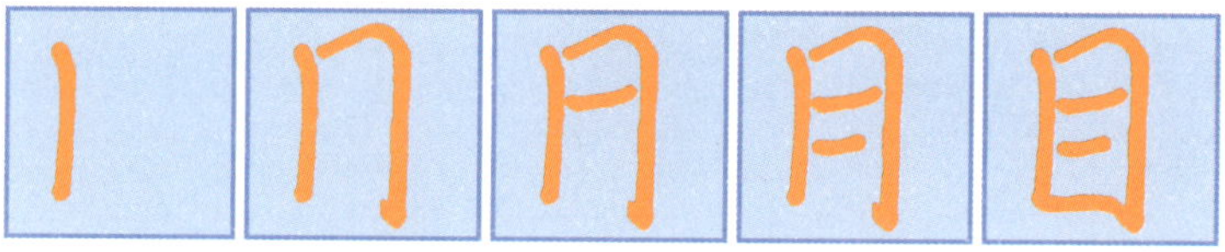

..... trait ..... traits ..... traits ..... traits ..... traits

= 看 main + œil = regarder

..... trait

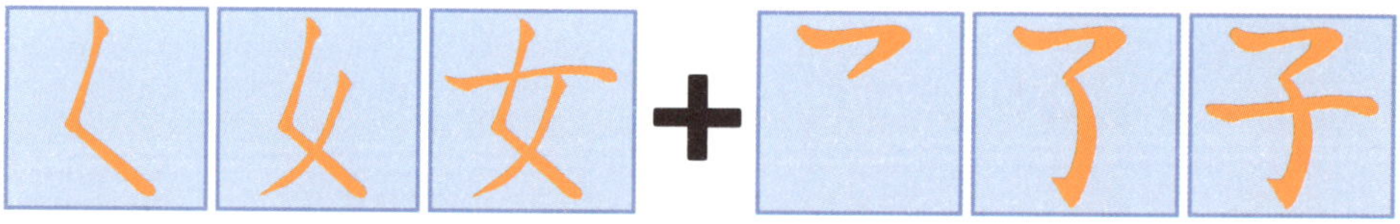

..... trait ..... traits ..... traits + ... traits ..... traits ..... traits

= 好 femme + enfant = bien/aimer

..... trait

Complète :

女 (femme) + 馬 (cheval) = ☐

女 (femme) + ☐ = 好 (bien/aimer)

☐ + 月 (lune) = 明 (lumière)

日 (soleil) + 𤴓 (pas) = ☐

☐ + ☐ = 看 (regarder)

Bonus

Repasse par-dessus et dessine le résultat :

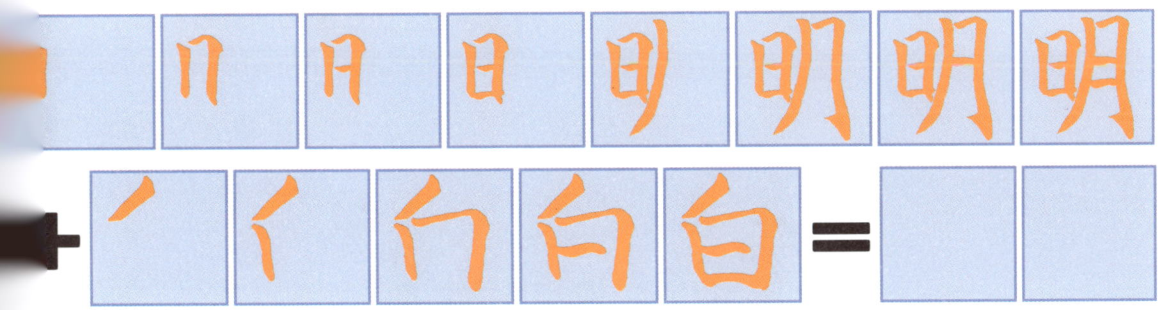

lumière + blanc = comprendre

六 6 七 7 八 8 九 9 十 10

Maquillage

女 + 子 = 好

femme + enfant = bien/aimer

En Chine, une femme avec son enfant symbolise «l'amour» et c'est «bien».

Si tu rajoutes 看 (regarder), cela donne 好 看 donc BEAU (*HAO KAN*).

Dessine-toi avec ton(ta) fiancé(e) à l'intérieur du cadre et faites-vous beaux !

一 二 三 四 五

1 2 3 4 5

Maquillage

A ton avis, comment dit-on laid, moche, nul, zéro ? Il faut trois idéogrammes.

Les voici : 不 好 看

Dessine-toi déguisée en monstre horrible à l'intérieur du cadre.

六	七	八	九	十
6	7	8	9	10

A tes pinceaux !

Complète les phrases.

1) Il manque un idéogramme :

媽		好	看	。

Maman est belle.

羊		好	看	。

Le mouton n'est pas beau.

爸	爸		看	。

Papa est beau.

2) Il manque deux idéogrammes :

小	馬			。

Le petit cheval est beau.

大		不		看	。

Le grand cheval n'est pas beau.

山			。

La montagne est belle.

3) Il manque trois idéogrammes :

			。

Le mouton est beau.

			。

La pluie, c'est de l'eau.

			。

Les bons chevaux sont petits.

Attention : as-tu remarqué ? Cheval ou chevaux se dit de la même façon en chinois. Tu n'as pas besoin de rajouter le pluriel.

Bonus

Avec 好 tu peux dire beaucoup de choses :

Bonjour !	C'est d'accord ou pas ?	D'accord !	Non !/Ça ne va pas !
你好！	好不好？	好！	不好！
Ni hao !	*Hao bu hao ?*	*Hao !*	*Bu hao !*

C'est mieux !	C'est bon (à manger)	Comme c'est grand !
好了！	好吃	好大！
Hao le !	*Hao chi*	*Hao da !*

Repasse par-dessus :

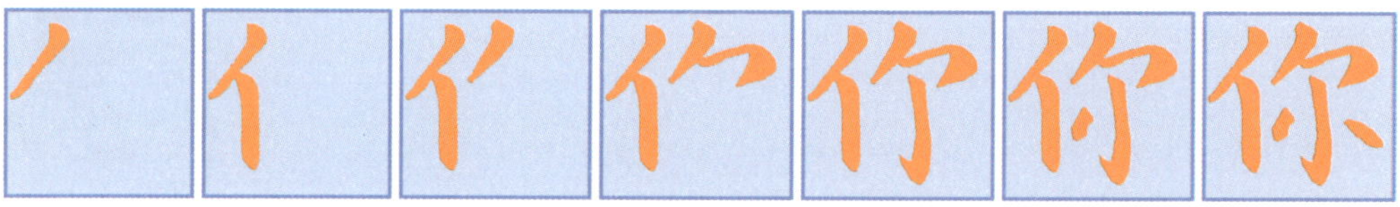

(tu, toi)

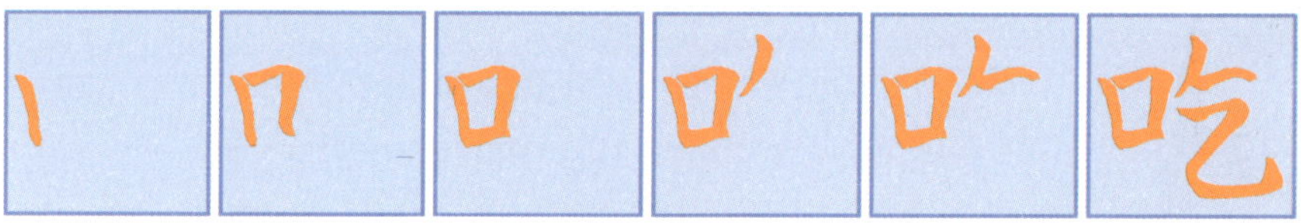

(manger)

Que veut dire ? 爸爸好了 (ne confonds pas 子 *Zi*, «enfant» et 了 *Le*,«mieux», sans les bras)

Ecris : ! Maman va mieux !

一 二 三 四 五

1 2 3 4 5

Que veut dire ? 羊好吃。 ....

Ecris : 。

Le cheval n'est pas bon à manger.

Que veut dire ? 天好大！ ....

Ecris : ! Comme la montagne est grande !

Que veut dire ? 你好媽媽！ ....

Ecris : ! Bonjour papa !

Que veut dire ? 山不是天，好不好？

....

Ecris : ,

? !

Papa n'est pas un mouton, c'est ça ? Oui !

Affronte l'équipe des Patates Douces

一 1 二 2 三 3 四 4 五 5

L'équipe des Patates Douces a invité l'équipe des Ailerons de Requin.
Sauve vite tes 24 idéogrammes en les entourant avant qu'ils ne soient dévorés.
Pour t'aider, étale toutes tes étiquettes devant toi.

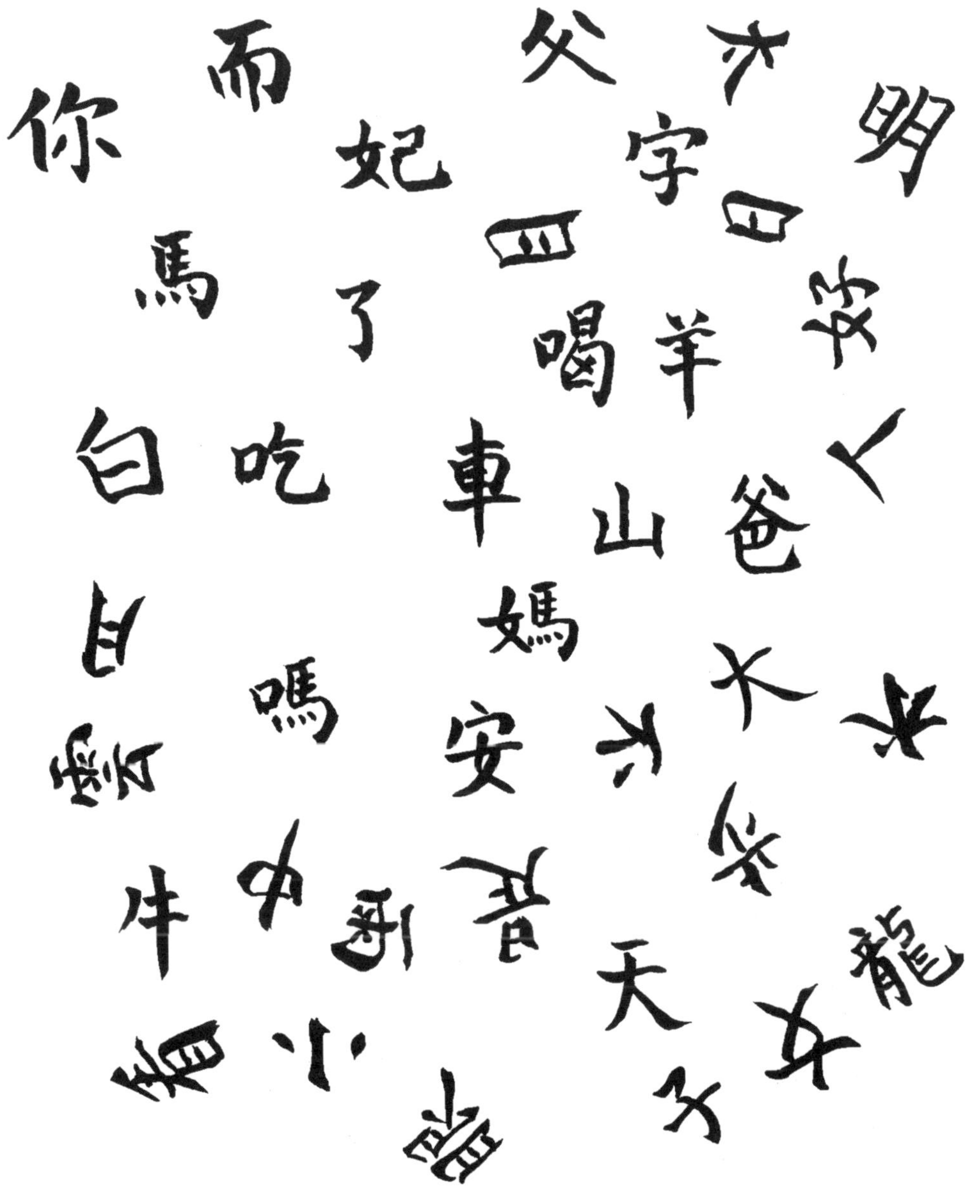

Bravo !

tu as franchi l'étape n° 4

Trois petits Pékinois devant la Cité Interdite

et tu vas pouvoir découvrir

Pékin !

la capitale de la Chine

Sais-tu ce que cela signifie ?

"La capitale du Nord"

一 1 二 2 三 3 四 4 五 5

Le temple du Ciel

Lionne avec son petit

Place Tienanmen au centre de Pékin

La salle du trône dans la Cité Interdite

六 6 七 7 八 8 九 9 十 10

Lettre à Lisa

一 1 二 2 三 3 四 4 五 5

« A la cantine, j'écris 吃 (manger) avec la sauce tomate dans les assiettes et 不好吃 (c'est pas bon) dans le plat. »

« Eric a écrit 好看 (belle) à sa maman pour qu'elle arrête de bouder devant sa glace quand elle se lève le matin. »

5 Joue avec tes étiquettes !

En Chine, on dit que l'on n'est pas un 人 tant que l'on n'est pas monté sur la Grande Muraille. Tu vas devoir gravir 5 marches avant de pouvoir te promener sur le seul monument qu'on voit de la Lune.

• Première marche

Découpe les étiquettes à coller de l'étape 5. Place les idéogrammes du plus petit au plus grand, en fonction du nombre de traits. Colle-les ci-dessous dans le bon ordre.

Tu peux vérifier tes réponses à la fin du cahier, page 78.

• Deuxième marche

Réécris les idéogrammes dans le bon ordre :

1. 不 大 天 。 — Le ciel n'est pas grand.

2. 好 馬 了 。 — Le cheval va mieux.

3. 羊 羊 是 。 — Un mouton est un mouton.

4. 吃 不 。 — Ne mange pas.

5. 好 不 。 — Non, ça ne va pas.

6. 水 山 。 — Paysage (montagne et eau).

7. 天 明 。 — Demain (lumière et ciel).

8. 明了白！ C'est compris !

9. 媽白明媽了。 Maman a compris.

10. 好小你明！ Bonjour, Petite-Lumière !

11. 不好好看看？ C'est beau ou non ?

12. 不好好吃吃？ C'est bon ou non ?

13. 好好不？ C'est oui ou non ?

14. 是是不雨？ C'est de la pluie ou non ?

15. 是是水雨不。 Ce n'est pas de la pluie, c'est de l'eau.

一 1 二 2 三 3 四 4 五 5

16. 不是是？ — C'est vrai ou non ?

17. 小大馬天。 — Le cheval est petit, le ciel est grand.

18. 人人。 — Tout le monde, chaque homme.

19. 小人大人人人。 — Tout le monde est petit, tout le monde est grand.

20. 吃馬不人人。 — Tout le monde ne mange pas du cheval.

Si tu as fini, tu peux monter sur la troisième marche, après avoir vérifié tes réponses page 80.

六 6 七 7 八 8 九 9 十 10

• Troisième marche

Joue au professeur et corrige en rouge les fautes qui se comptent en fonction du nombre de traits manquants :

1. 你好 ! (1 faute à trouver)
   Bonjour !

2. 明天。(2 fautes à trouver)
   Demain.

3. 好了 ! (1 faute à trouver)
   Ça va mieux !

4. 媽媽好看 ! (3 fautes à trouver)
   Maman est belle !

5. 爸爸不吃羊。(3 fautes à trouver)
   Papa ne mange pas de mouton.

6. 仢明白子。 (4 fautes à trouver)
Tu as compris.

7. 白馬是馬！ (6 fautes à trouver)
Un cheval blanc est un cheval !

8. 吃下乞？ (4 fautes à trouver, 口 la bouche s'écrit avec 3 traits)
Tu manges, oui ou non ?

9. 人丿好子。 (3 fautes à trouver)
Tout le monde va mieux.

10. 明白了！ (3 fautes à trouver)
C'est compris !

Si tu as fini, tu peux monter sur la marche 4, après avoir vérifié tes réponses page 82.

六 七 八 九 十
6 7 8 9 10

• Quatrième marche

1. La Chine est aussi grande que 10 fois, 18 fois, 30 fois la France ?

....

2. Pourquoi la langue chinoise est-elle la plus parlée au monde ?

....

3. Quelle invention n'est pas d'origine chinoise : le papier, la boussole, la poudre explosive, le fusil, les pâtes, la brouette ?

....

4. Shanghai est la capitale de la Chine, vrai ou faux ?

....

5. Les samouraïs sont des guerriers chinois, vrai ou faux ?

....

6. Comme au Japon, c'est un empereur qui habite dans la Cité Interdite de Pékin, vrai ou faux ?

....

7. On peut écrire chinois sans savoir le parler et parler chinois sans savoir l'écrire, vrai ou faux ?

....

Si tu as fini, tu peux monter sur la marche 5, après avoir vérifié tes réponses page 83.

六 6 七 7 八 8 九 9 十 10

• Cinquième marche

Réponds à la devinette
et lance-toi sur la Grande Muraille.

一 1 二 2 三 3 四 4 五 5

Un jour, l'empereur Ma Duge voulut mettre une statue de lui au bout de la Grande Muraille. Il appela son sculpteur Li Xing et lui demanda de reproduire son visage.

Pendant que Li Xing taillait la pierre, l'empereur lui demanda :

– Commences-tu par mes yeux ou par mon nez ?

Li Xing lui répondit par une autre question :

– Vaut-il mieux commencer par faire des yeux 大 et un nez 小

ou vaut-il mieux commencer par faire des yeux 小 ou un nez 大 ?

Que répondit l'empereur et pourquoi ?

As-tu trouvé ? La réponse t'attend à la fin du cahier, page 83.

Bravo !

tu as franchi l'étape n° 5

Bienvenue sur la Grande Muraille de Chine

et tu vas pouvoir découvrir

La Grande Muraille de Chine !

一 1 二 2 三 3 四 4 五 5

Le savais-tu ?

On raconte qu'elle mesure 10 000 li, soit 5 000 km environ.

La Muraille : elle est, dit-on, visible de la Lune

La Muraille de Chine a été construite pour repousser les invasions

六 七 八 九 十
6 7 8 9 10

Réponses

Première marche

2 traits

了 人

3 traits

子 小 女 大 山

4 traits

日 月 天 不

5 traits

水

6 traits

吃 好 羊

8 traits

雨 明 爸

9 traits

看 是 馬

12 traits

媽

Deuxième marche

1. 天不大。
2. 馬好了。
3. 羊是羊。
4. 不吃。
5. 不好。
6. 山水。
7. 明天。
8. 明白了！
9. 媽媽明白了。

10. 你好小明！

11. 好看不好看？

12. 好吃不好吃？

13. 好不好？

14. 是不是雨？

15. 不是雨是水。

16. 是不是？

17. 馬小天大。

18. 人人。

9. 人人小人人大。

0. 人人不吃馬。

Troisième marche

1. 你好！
2. 明天。
3. 好了！
4. 媽媽好看！
5. 爸爸不吃羊。
6. 你明白了。
7. 白馬是馬！
8. 吃不吃？
9. 人人好了。
10. 明白了！

Quatrième marche

1. 18 fois.
2. Parce que la Chine est le pays le plus peuplé du monde.
3. Le fusil.
4. Non, c'est Pékin qui signifie Capitale du Nord.
5. Faux, les samouraïs sont des guerriers japonais.
6. Faux, au Japon, il y a bien un empereur, mais en Chine, il n'y en a plus depuis 1911. Maintenant, c'est un président qui gouverne la République Populaire de Chine.
7. Vrai.

Cinquième marche

On peut rendre 小 un nez trop 大 et rendre 大 des yeux trop 小. Si au départ, le nez était trop 小 il serait impossible de le rendre 大. Si au départ, les yeux étaient trop 大, il serait impossible de les rendre plus 小.

Chers amis

Je vous félicite ! Vous avez terminé votre premier livre de chinois ! Pour vous remercier, je vous offre le mot «amour» pour le dire à tous vos amis ! Et si vous aimez le chinois, écrivez-moi et je reprendrai mes crayons et mes pinceaux pour vous offrir un autre livre rempli de nouveaux mots et de surprises...

A bientôt et gardez toujours le sourire.

Lisa et
Juliette (Zélia)

L'amour *(AÏ)* en treize traits

一 二 三 四 五
1 2 3 4 5

Etiquettes

à découper et à coller

étape 1

馬	水	子	月	山	羊	雨

étape 3

馬	是	是	大	大	媽	媽
羊	羊	不	不	爸	爸	小

étape 5

好	白	馬	天	女	水	子	是
大	人	明	月	媽	吃	了	山
羊	不	爸	小	雨	看	日	你

Etiquettes

à découper et à conserver

étape 1

	馬	
木	子	月
山	羊	雨

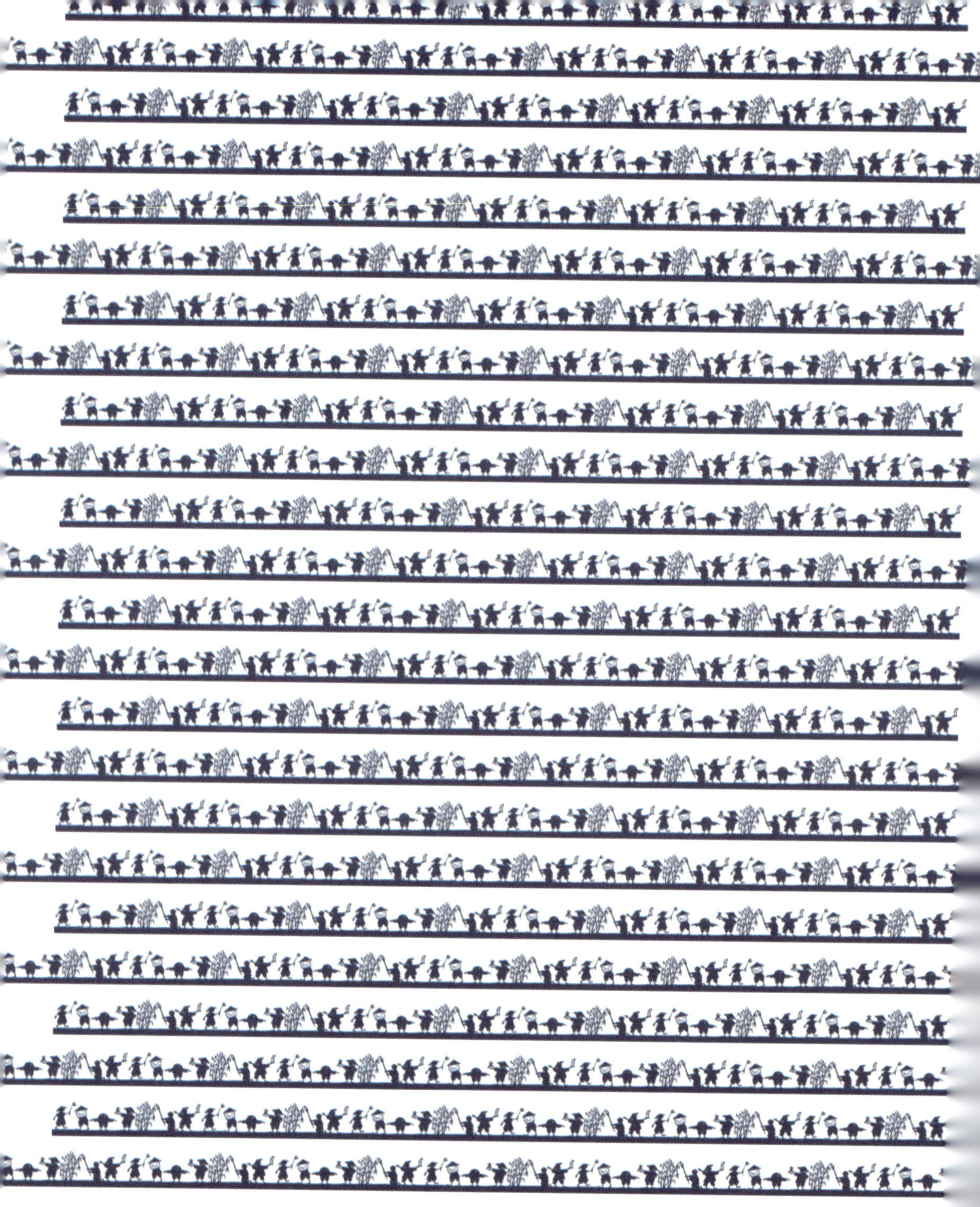

一 二 三 四 五

1 2 3 4 5

étape 2

	天	
女	大	人
小	日	。

一 二 三 四 五

1 2 3 4 5

九十

étape 3

明

媽媽不

爸爸是

六 七 八 九 十
6 7 8 9 10

一
1

二
2

三
3

四
4

五
5

九十二

étape 4

好	看	白
吃	了	你

一 二 三 四 五

1 2 3 4 5

九十四

Mas de Vert
B.P. 150
13631 Arles cedex

Illustrations intérieures et de couverture : © Catherine Louis

Calligraphies : © Shi Bo

Photographies avec les enfants : © Raymond Martinez

Réalisation et direction artistique des prises de vue : Lilibée

Conception graphique : Looping

ISBN : 2-87730-696-8

Achevé d'imprimer dans l'Union Européenne
Dépôt légal : septembre 2004

六 七 八 九 十
6 7 8 9 10